# Como las mariposas

## Dona Herweck Rice

## Asesores

**Brian Mandell**
Especialista de programa
Smithsonian Science Education Center

**Chrissy Johnson, M.Ed.**
Maestra, escuela primaria Cedar Point
Escuelas del Condado de Prince William, Virginia

**Sara Cooper, M.Ed.**
Maestra de tercer grado
Distrito Escolar Fullerton

## Créditos de publicación

Rachelle Cracchiolo, M.S.Ed., *Editora comercial*
Conni Medina, M.A.Ed., *Redactora jefa*
Diana Kenney, M.A.Ed., NBCT, *Realizadora de la serie*
Emily R. Smith, M.A.Ed., *Directora de contenido*
Véronique Bos, *Directora creativa*
Robin Erickson, *Directora de arte*
Michelle Jovin, M.A., *Editora asociada*
Caroline Gasca, M.S.Ed., *Editora superior*
Mindy Duits, *Diseñadora de la serie*
Kevin Panter, *Diseñador gráfico superior*
Walter Mladina, *Investigador de fotografía*
Smithsonian Science Education Center

**Créditos de imágenes:** pág.7 Kjell B. Sandved/Science Source; pág.14 Mark Bowler/Science Source; pág.14 Phil Degglnger/Science Source; todas las demás imágenes cortesía de iStock y/o Shutterstock.

**Library of Congress Cataloging-in-Publication Data**

Names: Rice, Dona, author.
Title: Como las mariposas / Dona Herweck Rice, Smithsonian Institution.
Other titles: Being like butterflies. Spanish
Description: Huntington Beach, CA : Teacher Created Materials, [2020] |
  Audience: Grades K-1
Identifiers: LCCN 2019039001 (print) | LCCN 2019039002 (ebook) | ISBN
  9780743925952 (paperback) | ISBN 9780743926102 (ebook)
Subjects: LCSH: Butterflies--Juvenile literature.
Classification: LCC QL544.2 .R52718 2020  (print) | LCC QL544.2 (ebook) |
  DDC 595.78/9--dc23

## Smithsonian

## Teacher Created Materials

5301 Oceanus Drive
Huntington Beach, CA 92649-1030
www.tcmpub.com
**ISBN 978-0-7439-2595-2**
© 2020 Teacher Created Materials, Inc.
Printed in Malaysia
Thumbprints.25940

# Contenido

# Aprende de la naturaleza

Todos los seres vivos tienen maneras de sobrevivir en el mundo. Podemos aprender de ellos.

Una araña cucurbitina teje su telaraña.

Las cebras se quedan juntas para estar a salvo.

Las mariposas tal vez no parezcan maestras. Sin embargo, podemos aprender de ellas más de lo que piensas.

Un niño estudia una mariposa.

Las alas de las mariposas tienen unas figuras que las hacen a prueba de agua.

## Alas a prueba de agua

Las alas de las mariposas son a prueba de agua. Las gotas de agua no se les pegan. Las personas aprendieron a hacer **telas** como esas alas.

# Lo que aprendemos

Las mariposas tienen muchos colores y diseños. Esos diseños las ayudan a sobrevivir. Y también pueden ayudarnos a nosotros.

Esta mariposa tiene alas verdes y negras.

Algunas mariposas tienen manchas brillantes.

Esta mariposa tiene diseños en forma de líneas.

# Colores y diseños

Las mariposas pueden **mimetizarse** con lo que las rodea. Esto las ayuda a esconderse y evitar el peligro.

Las personas también pueden mimetizarse para esconderse.

Esta mariposa tronadora se mimetiza con la corteza del árbol.

Este soldado usa pintura y plantas para esconderse.

# Mariposa hoja seca

Esta mariposa parece una hoja seca. Ha cambiado para verse así. Se mimetiza con el mundo que la rodea.

Los colores brillantes pueden ser una advertencia. *¡No me comas porque puedo ser **tóxica**!*

A veces, las personas también usan colores como advertencia.

Esta mariposa es tóxica.

Las alas amarillas de esta mariposa avisan que puede ser tóxica.

Ten cuidado.

# Las partes de las alas

Las alas de las mariposas no se ensucian. Se limpian solas.

Las personas copiaron eso. Hicieron ropa con un diseño parecido.

Esta tela puede limpiarse sola.

# Protección para ventanas

Las escamas que tienen las alas de las mariposas también ayudan a que estén limpias. Algunas ventanas están cubiertas con diseños parecidos. Esos diseños ayudan a que las ventanas estén limpias.

Las alas de algunas mariposas tienen unos agujeros diminutos. Sirven para tomar mucha luz del sol.

Las personas también copiaron eso. Algunos **paneles solares** están hechos de esa manera.

Las alas de esta mariposa tienen agujeros diminutos.

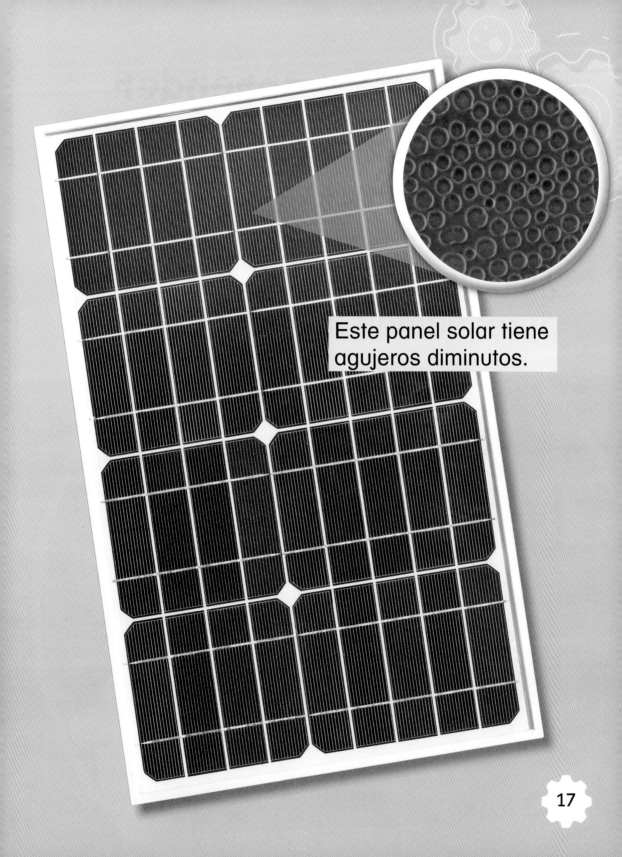

Este panel solar tiene agujeros diminutos.

# Mucho por aprender

Todavía hay muchas cosas que podemos aprender de las mariposas. ¿Qué sigue? ¿Quién lo sabe? ¡Quizás aprendamos a volar!

# DESAFÍO DE CTIAM

## El problema

A muchos observadores de animales les gusta mimetizarse con el mundo que los rodea. A esto se le llama *camuflaje*. ¿Puedes diseñar una tela que un observador de animales pueda usar para mimetizarse?

## Los objetivos

- Escoge un lugar de tu escuela con el que se pueda mimetizar tu tela.
- Decide cómo usarás la tela.
- Escoge colores y diseños que sirvan de camuflaje.

## Investiga y piensa ideas

¿Cómo ayuda el camuflaje a que las personas y los animales estén a salvo? ¿Adónde van las personas para mirar a los animales?

## Diseña y construye

Diseña una tela que se mimetice con un área. Decide cómo se usará la tela. ¿Qué colores o patrones usarás? ¡Crea tu tela!

## Prueba y mejora

Muestra la tela a tus amigos. ¿Se mimetiza con el área que escogiste? ¿Puedes mejorar tu tela? Vuelve a intentarlo.

## Reflexiona y comparte

¿Cómo podrías detectar a una persona que usa camuflaje? ¿Usar camuflaje podría ser un problema para alguien?

# Glosario

mimetizarse

paneles solares

**telas**

**tóxica**

# Consejos profesionales
## del Smithsonian

**¿Quieres crear productos basándote en animales?**
Estos son algunos consejos para empezar.

"Planta flores que les gusten a las mariposas. ¡Así podrás estudiar a las mariposas de cerca!".
— *James Gagliardi, horticultor*

"Si te gustan la naturaleza y los insectos, entonces, ¡sal a explorar! Fíjate qué puedes aprender del mundo que te rodea".
— *Nate Erwin, exdirector del Zoológico de Insectos O. Orkin y el Pabellón de Mariposas*